JN417750

초인 혹은 전설

초인 혹은 전설

초판 1쇄 인쇄 2016년 7월 5일
초판 1쇄 발행 2016년 7월 12일

지은이 | 서원수
교정/편집 | 김현미 / 권윤미 / 김보영
표지 디자인 | 김보영
펴낸이 | 서지만
펴낸곳 | 하이비전

신고번호 | 제 305-2013-000028호
신고일 | 2013년 9월 4일(최초 신고일 : 2002년 11월 7일)

주소 | 서울시 동대문구 신설동 97-18 정아빌딩 203호
전화 | 02)929-9313
홈페이지 | hvs21.com
E-mail | hivi9313@naver.com

ISBN 978-89-91209-58-9 (03810)

값 : 7,800원

* 저자와 협의하여 인지첨부를 생략합니다.
* 잘못된 책은 바꾸어 드립니다.

초인 혹은 전설

서원수 제2 시집

하이비전

자서

1집이 어머니께 드리는 글이었다면
2집은 아버지께 드리는 글이다.
아버지는 서른둘의 나이에 6.25 때 전사하셨다.

나의 아버지이니까 더욱 그렇게 생각할 수도 있겠으나 참으로 참한 사람이었던 것 같은데 역사의 수레바퀴에 희생되셨다.

그 한과 애통함을 형언키 어려워 간략하게나마 그 삶을 기리고자 한다. 아니 기려야만 한다.

쓰는 과정에서 우리 가문이나 내 명예(그런 것이 있다고 한다면)에도 누가 된 점 없지 않은 듯하나 그런 점들을 무릎 쓰지 않고서야 어떻게 글의 진정성을 확보할 수 있겠는가?

이제 아버지 형제분 6남매 중에 작은 숙부님과 막내 고모님이 생존해 계시나 숙부님은 91세로 읽으시는 것이 마음 같지 않으시니 이 글의 진정한 독자는 막내고모님 한 분이 될 것 같다.

자서를 마치면서 이 지구상 어디에서나 내 사정과 같은 비극이 되풀이 되지 않기를 바랄 뿐이다.

1부 초인 혹은 전설

2부 내 마음 밭의 떨림들

3부 나의 지층

4부 잡화들

제 1부

초인 혹은 전설

초인

중학교 때까지도
집 안에 우환이 많아
점을 보는 것은 다반사요
더러는 굿을 하기도 하였다

그럴 때마다
조상님들이 왜 후손을 괴롭힐까?
하는 의문과 함께
귀신이 인간을 간섭하는 것에
거부감이 생겼다

그래서 갈망하게 된 것이
초인이었나 보다
귀신이나 신의 간섭을 받지 않고
인간의 힘으로 무엇이든 이루고 싶은
욕망이었다

무등등의 초인

초인을 흠모하고
초인들을 만나보았다

백마 타고 오는 이도 만나고
우버맨쉬도 만났으나

그 정점에는
님이 계신다

전설 (1)

달밤에 보아도 양반 같으셨다는
기실 양반이 아니셨던
할아버지께서 말씀하셨다

‘임진왜란이 끝나고
사명대사가 일본에 잡혀 갔는데
왜놈들이 대사를 죽이려고
큰 기름 가마솥에 집어 놓고
한나절 불을 땐 후에
이제 죽었거니 하고 솥뚜껑을 열어보니
대사가 턱수염에 고드름을 달고
떡하니 앉아 있었다고,
그래서 왜국이 사명대사의
도력에 항복하고 말았다’고

어린 내가 만난
최초의 초인이었다

전설 (2)

초등학교 3학년 늦가을 무렵
짚동만한 등치에 머리를 산발한
박팔갑산이라는 차력사가 학교에 왔다

운동장 맨땅에 퍼질러 앉은
우리와 그와의 거리는 2~3m

도가니에다 쇳물을 녹이더니
그 쇳물을 한참동안 입에 머금고
있다가 지푸라기더미에 뱉었는데
파란 불꽃이 번져나갔다

내 가슴 속에서도
초인에 대한 동경의 불꽃이
파닥파닥 튀겼다

전설 (3)

배우지도 못하고 가진 것도 없었기에
오직 가족들의 생계를 위해 몸 바쳤고
무슨 위대한 사상이나 주의는
알지 못했지만
사람의 도리와 이웃 사랑을 실천했던
참한 사람,
그러나 제대로 살아보지도 못하고
생을 마감한,
지금은 이 강산 어디쯤엔가
백골로 누워 계실
한 사람의 짧은 생을 기리고자 한다

저와는 3천 번은 족히
눈을 마주 했을 텐데도
불민하여 전혀 기억하지 못하고
듣기만 했으니
전설로 남을 수밖에

머슴살이

(큰아버지 말씀)

한겨울 날씨에 눈은 내리는데
명절이라고 동네 남정네들이 모두
마을 앞 천방둑에 모여 놀고 있는데
남의집살이를 하고 있던 동생이
아랫마을 정미소에 가려고
볏섬을 지고 나오는데
짚신을 신은 발은 미끄럽지,
그 모습을 바라보는 내 마음이
어찌나 안 좋던지…

아버지가 47세로 별세하시고
25세이던 나는 맏이로서 집안을
건사해야했고 나보다 8년 아래인
동생이 고생 많이 했지
아랫마을에서 1년, 우리 마을 권 씨네서 1년
2년을 살았지

동생은 남의집살이하면서
지게를 질 때에도
옥편을 손에서 놓지 않았어

천도교

(막내 숙부님 말씀)

동학농민운동이 끝나고
30년도 더 지난 뒤였지만
아직 그 여진이 남아있어
타관 사람들이 드나들고
소호 할아버지 사랑에서
사람들이 모이곤 했는데
중형도 그 자리에 참석하곤 했지

짱

(성산어른 말씀)

6.25 사변 전 사회가 한참 어수선할 때
안평에 산다는 키가 조그마한 사내가
두어 번 우리 마을에 다녀갔는데
말하자면 빨치산이었지
올 때마다 자네 아버지를 만나
설득을 했는데 넘어가지 않았어
만일 그 때 자네 아버지가
그쪽으로 넘어갔다면 아마
동네 젊은이들이 다 따라 갔을 거야
그만큼 자네 아버지는
우리 친구들의 중심이었네

광부의 길

(막내 숙부님 말씀)

턱없이 부족한 전지로는
어머니와 6남매의 호구지책이
안되니까 객지로 나갈 수밖에
그래서 달성광산으로 가게 되었는데
중형은 눈썰미가 좋고 일손도 재발라
반장의 눈에 들게 되어
비교적 힘이 덜 드는
금분리 작업을 하셨지
그래서 나도 따라가게 되고
동네 친구들도 서너 명 넣어주기도 했지
그러면서 집안 형편도 조금은
나아지게 된 셈이지

결혼
(어머니 말씀)

이 마을로 시집 온 내 사촌언니
중매로 만나게 된 거지
나는 아버지가 일찍 돌아가시고
오빠와 남매였는데
가난하고 배우지도 못한데다
인물도 내세울 것이 없었는데
아마 심성이 무던하다는 말을 듣고
결혼한 것 같아

신랑 역시 어려운 가정형편으로
26세에 늦장가를 들게 되었고
나와는 8년 차로 해방 전해였어

매력 있는 사람

(어머니 말씀)

우리 친정이 집성촌이라
친척이 많았는데
니 아버지가 한 번씩 처가에 가면
할머니들은 물론이고 두세 살 아래
4촌, 6촌 처남들과 처제들이
떼 지어 따라 다니며 이틀이고
사흘이고 놓아주질 않았어
춤 잘 추고, 노래 잘하고
인물 곱상한 데다 인정 있고
그야말로 참한 사람이었어

어느 할머니의 인물평

내가 중학생일 때
외가에 놀러 갔는데
어느 친척 할머니께서 하시는 말씀이
“니는 외탁을 해서 인물이
니 아부지만 못하다”하셨다

나름대로 인물이 괜찮다고
여겨 오던 나는 기분이 묘했다
아버지에 대한 자부심과
나에 대한 자괴감이 부딪치며
묘한 기분에 사로잡히게 했던 것이다

수난이 학교에 가다

(막내 고모님 말씀)

오빠가 달성 광산에 있을 때
어머니 앞으로 편지를 보냈는데
수난이 학교에 보내라고 했다
그때까지도 집에서는 나를 그저
'난아', '난아'하고 불렀기 때문에
수난이가 나인 줄도 몰랐지

그래서 오빠 덕분에
6남매 중 나 혼자만 학교에 가게 되었지

그렇듯 오빠는 매사에서
생각이 앞섰던거라

고무신 장사

(어머니 말씀)

달성 광산에서 조금 모은 돈을
밑천 삼아 고무신 장사를 한 거지
큰 짐실이 자전거를 사서
고무신을 싣고
의성, 단촌 등 5일장을
다니며 장사를 했지
붙임성이 좋고 신실해서 그랬는지
꽤 많은 돈을 벌었어

피난길

6.25가 터지고
북한이 파죽지세로 밀고 내려오자
우리 가족도 동네 사람들과 함께
남쪽으로 피난길에 올랐다
우리 가족은 할머니와
아랫마을로 시집가신 큰고모님을 제외한
5남매와 남자 4형제의 배우자들,
4촌 형과 나, 내 여동생 그리고
피난길에서 태어난 4촌 남동생
모두 14명의 대가족이었다
네 살이던 나는 어머니가 업고
세 살 터울의 여동생은 막내고모님이 업고
청도까지 장장 150여 km의 장정이었다
가다가 쉬고 저물면 자면서 1주일이 걸렸다
피난길에 오를 때
17세였던 막내 고모님을 포함하여
성인 9명이 각자 허리에
꽤 많은 현금을 차고 떠났는데
만약 낙오될 경우에 대비하려는
아버지의 생각이었다

이웃 사랑
(권 씨 부인 말씀)

피난지 그 북새통에서
먹을 것이 없어 굶게 되었는데
너의 아버지가 어떻게 알았는지
양식 사먹으라고 돈을 주시지 않았겠나

그때 너의 아버지 아니었으면
우리 애들 목숨부지하지 못했을 거야
그 은혜 평생을 갚아도
다 갚지 못하고말고

호객

(친척 할머니 말씀)

피난지에서 생활이 어려워져
지니고 있던 물건들을 내다 팔려고
조그마한 매대에다 진열해놓고
한나절을 기다려도 사려는 사람이 없었는데
니 아버지가 볼일을 보고 들어오다 보고
"할머니 제가 팔아드리지요" 하고는
호객을 하는데
어찌나 재미있고 신명나게 하는지
물건을 금방 다 팔아 주었지

입영

북한군의 남진이 걷잡을 수 없게 되자
아군과 유엔군이 낙동강 방어선을
구축하고 안간힘을 쓰고 있을 무렵
강제 징집이 있다는 소문에
아버지와 두 숙부님은 콩밭에 숨어 있다가
면서기 하시던 친척 아저씨에게
발각되어 입병하게 되었다

두 동생이 “형님은 나이도 많고 하니
안 가셔도 되지 않겠느냐“고 만류하였으나
“너희 둘이 가는데 나도 가야지” 하면서
3형제가 함께 입영하였다

훈련

(막내 숙부님 말씀)

대구 모 학교에서 실시된
약 2주간의 단기 훈련이었는데
800여 명의 훈련병과 함께였다

훈련을 받다가 수시로 기합이 주어져
"저 산 위 큰 소나무 솔방울을 따오라" 하면
언제나 중형이 1등을 하곤 했지

전선 투입

(막내 숙부님 말씀)

2주간의 훈련이 끝나갈 무렵
인천 상륙작전의 성공으로
전세는 아군이 반격을 가하고 있는
상황이었다
훈련이 끝나자마자 바로
평안도 쪽으로 투입이 되었는데
작은 형님과 나는
7사단 3연대 1대대로 배속되고
중형은 7사단 3연대 5대대인가로 배치되었는데
그것이 형제들 간의 마지막
이별이었다

수송수단이 모자라 차를 얻어 타기도 하고
걷기도 하면서 순천, 개천을 지나
북상하였다

죽음의 골짜기

인천 상륙작전의 여세를 몰아
아군이 북진에 북진을 거듭하게 되자
10월 16일 중국이 참전을
결정하게 된다

서부전선은 유엔군이 주축이 되고
동부전선은 국군이 맡아 북상하는데
선공부대가 과속을 하는 바람에
2진 부대와의 거리가 수십 km까지
벌어지게 되고
중공군이 이 틈을 노려
2진 그룹을 이루고 있던 국군 2군단
6,7,8 사단에 대한 섬멸 작전에 나서니
1950년 10월 말경부터 11월 초에 걸쳐
평남 동림, 덕천 지역에 매복해있던
중공군 8개 사단과 맞닥뜨리게 된다

배도 넘는 적과 맞서니 중과부적
국군 병사들은 거대한 이무기의 아가리로
속절없이 삼켜지는
가련한 목숨들이었다

전사 통지서

어머니에게는 청천의 벽력이었을,
그리고 나는 정면으로 마주하기를
거부해왔던 전사 통지서를
65년여가 지난 지금에서야
마주해본다

호주인 백부님 앞으로 온 통지서에는
단기 4284년 1월 26일 화천지구
전투에서 전사하였으며
'이에 同情의 意를 表한다'는
푸른 잉크자국이 흐릿하다
(통지서에 따르면 아버지는 죽음의 골짜기를 벗어나
3개월 가까이 더 생존해 계신 것이 된다)

24절지 크기의 누렇게 빛이 바랜 갱지,
초라하기 그지없는 통지서에
그토록 무거운 비애를 담을 수 있다니

소위 '위대한 정복자'들의 욕심 때문에
수많은 인명이 희생되었을 테니
'위대한' 말 함부로 써서는
안 되겠구나

유품

유품이랄 것도 없으나
내가 중·고등학교에 다닐 때까지도
마루 벽에 갈색의 가죽 가방이
걸려 있었다
그것이 대표적인 아버지의 유품이었다

그 속에는 붉은 줄이 세로로 그어진
편지지에 단아한 필체로
노래가사가 적혀 있었다

언제나 휴대하셨다는
옥편과 손거울은 없었다

그 가방마저도 언젠가 없어지고 말았으니
못난 아들의 망극한 불효로
이제 사진 한 장 외엔 아무것도 없다

에필로그

이제 제가 아버지보다
배도 더 살고 보니
아버지의 생애가 너무나 짧았다는 것을
뼈저리게 실감하게 됩니다

님의 말씀대로 오는 것도 없고
가는 것도 없다는 도리를 아셨을 테니
그저 편안하게 쉬시다가
인연이 지어지면 다시
만나게 되겠지요

아니 이미 고운님이 되어
우리 곁에 와 계실지도 모르나
눈이 어두운 소자이고 보니
알아 뵙지 못하고 있는지도
모르겠군요

후기

3형제가 참전하여
아버지는 전사하시고
큰 숙부님은 탈장으로
막내 숙부님은 종아리 관통상으로
후송되시는 바람에 살아 오셨다

처참했던 전황으로 본다면
우리 집안의 희생은 그래도
가벼운 것이었을 것이다

큰 숙부님은 태평양전쟁에도
참전하신 경험이 있어
특등 사수로서 수많은 적을 살상하셨고
만년에는 죄책감에 괴로워하시다
87세를 일기로 생을 마감하셨고
막내 숙부님은 91세로 아직
고향에 생존해 계신다

아부지요!

아마 “아부지요” 하고
수백 번은 불렀을 것이나
기억나지 않으니
오늘 크게 한번 불러 봅니다

달성광산에 계실 때 고향에 다니러 오셨다가
아침에도 죽을 먹는 가족들을 보시고
“제가 아침에도 죽을 먹어야 할 만큼
돈을 벌어드리지 못했습니까?” 하고
할머니께 불같이 화를 내셨다는,
오직 부모형제와 처자식 부양에
진력하시다가 인생의 낙이라고는
별로 누려보지 못한, 너무나 짧은 생이
이 아들, 가슴이 미어지도록 애석할 따름입니다

제 2부

내 마음 밭의 편린들

화해 혹은 용서 (1)

(할머니)

내 나이 열일곱
겨울 오후 햇살이 빗겨 내릴 때
할머니는 온가족이 지켜보는 가운데
마지막 말씀을 하고 계셨다
나는 방에 들어가지 않고
마당에서 서성이었다
얼마 후 할머니께서 나를 찾으신다는
누군가의 목소리가 들렸다
나는 몸을 숨겼다
곧바로 막내 고모님이 방에서 나와
다급한 목소리로 나를 부르셨다
그래도 나는 나가지 않았다

할머니!
그때 저의 불효는
할머니가 미워서가 아니라

제 처지가 못마땅해서
그래서 최소한의 항거라고 여기고
그랬던 것입니다

철이 없었던 저를
용서해 주십시오

화해 혹은 용서 (2)

(북한)

역사를 바라봄에 있어서
사적 영역을 얼마나 배제할 수
있느냐 하는 것이
지성의 성숙도를 가늠하는
바로미터가 될 수 있을 거라 여기기에
북한 또한 유사 이래 흥망성쇠를 거듭한
수많은 왕조처럼
역사의 한 과정으로 받아들이려다가도
동족상잔의 엄청난 비극을 자행하고도
아직도 만행을 이어가고 있는 것을
볼 때마다
내 사적 영역의 배제가 어렵게 되는데
내가 아직 미성숙한 탓일까?

화해 혹은 용서 (3)

(직장상사)

제 잘난 멋에 산다고 하듯이
이 또한 내 잣대로 하는 말이겠으나
직장생활을 하면서
진급이라든지 인사에서 많은
불이익을 입었다고 생각하고
그런 불이익을 주었다고 여겨지는
사람들에 대한 미움이 없지 않았으나
한번 뒤집어 생각해 보면
결국 그 사람들이 나 자신을 돌아보게 해준
장본인들이라는 것을 깨닫게 되면
그런 미움도 훨씬 작아지는 듯하다

흔히 가지지 못한 자들의 자위일 법하나
출세도 돈도 세월이 지나고 보면
그리 대단한 것도 아닌 듯한데
애당초 이런 것들을 초개와 같이 버린
위대한 포기자들도 있으니 말이다

화해 혹은 용서 (4)

민주화를 했다고 거들먹거리는 사람들
그래, 그대들 공도 있소
그러나 그것이 대단한 것인 양
그것이 전부인 양
거들먹거리지 말아요
이 나라가 없었다면
공산 치하에서 민주화 잘도 했겠소

제발!
발목잡지 말아요
보탠 것은 한 줌인데
섬으로 까먹지는 않는지

제발!
떼쓰지 말아요
그 떼가 때가 되지는 않는지
돌아보는 일 눈감지 말아요

형평의 추

중학교 다닐 때
읍내까지의 거리가 5km는 족히 되는데다
큰 재를 두 개나 넘어야 했고
용돈이라는 개념조차 있을 수 없었던 처지여서
허약한 몸에 쉽게 허기가 들어
오전 수업인데도 도시락을 싸갔는데
집에 갈 때 친구들에게 뒤처지지 않겠다는 생각에
종래시간에 도시락을 먹다가 들켜
앞으로 불려나갔다

선생님은 사정없이 내 따귀를 때리셨다
물을 끼얹은 듯하던 교실에
그 울림이 유난히 컸다

키도 크시고 뼈대도 굵으셨던
선생님의 억센 팔 힘이 볼에 느껴졌다
당연히 맞을만하다고 여기면서도
형평의 추가 약간 기울었다는 생각이
뇌리를 스쳤다

격려 (1)

고등학교 3학년 때였을까?
방과 후 학교가 적막에 싸인 듯한 시간에
도서관을 관리하시던 국어선생님께
책을 빌리러 왔다고 말씀드리니
조금도 귀찮아하시는 기색 없이
교무실 벽에 걸려있던 열쇠를 챙기시고
뒷짐을 지시고 느릿한 걸음으로 앞장서시는데
그때 선생님이 지으셨던 그 엷은 미소가
마치 가볍게 고개를 끄덕이시는 듯했는데
그 모습이 여러 마디의 말씀보다도 더
내게 격려가 되었다

격려 (2)

읍내에 유일한 남자고등학교라
이름부터 종합고등학교로
실업과 3개 반에 인문과 1개 반이었는데
전교생이 모의고사를 치고 나서
영어를 가르치시던 P 선생님께서
인문과 수업시간에 하신 말씀이
"토목과의 아무개는 몇 점을 받았는데
똑같은 책으로 수업시간이 배가 되는
너희들은 뭐했느냐?" 하셨단다

그 말씀이
힘겨울 때도 견딜 수 있게 해준
버팀목이 되었다

제 3부

나의 지층

나

정녕 나는
나를 알고 있는 것인가?

'나는 타자로부터의 복귀'라는
알듯 모를 듯한 말이 있듯이
나는 남들이 나를 매김하는 것보다
십상은 더 높은 점수를 주고 있을 것인데

세상에!
내가 나 자신조차 알 수 없다면
그야말로 어처구니가 없다

나는 나를 알 수 있을까?
정녕

나의 지층

나의 지층에서
두드러지게 눈에 뜨이는 것은
수용과 비움이겠거니 여겼는데
어느 계간지 사진란에 나란히
놓여지고 보니 나만 유독
겨울싸리나무처럼 삭막해 보였다

환골탈태는 지난사인가
살아온 날들을 돌아본다

사유가 영상을 지우며

영상이 사유를 덮어
누르는 것이 내 일상이나
더러는 사유의 물결이
영상을 밀어낼 때도 있으니
사유가 마냥 여린 것만도
아닌 듯한데

그럼에도
사유는 산그림자 같아
밝음만이 충만할 때는
쉽게 드리워지지 않는 듯도 하이

현재는 경계

과거에는 아주 많은 공간이 있다
미래에도 꽤 많은 공간이 있다

그러나
현재에는 공간이 없다
현재는 다만 경계일 뿐이다

고로
지금 여기!

개심사 무심사

개심사 스님이
마음을 바꾸라 하시니

무심사 스님은
바꿀 마음도
없다고 하시네

의자

늘상 주기만 한다

주면서도 나가 없으니
무주상보시다

自利는 없고 자리만 내어주니
지극한 보살이다

체 선생에게 (1)

죽었다고 외쳤을 때
세계가 진동했지요

세계가 진동할만했으니
얼마나 힘들고
얼마나 통쾌했소

그러나
죽음은 있음을 전제한 것이고
있음은 남을 잉태한 것이기에

용기랄까, 만용이랄까
뭐 그런 눈금으로 매김한다면
아예 없다고 외친 이들에는
못 미친 듯도 하구려
아무튼 애쓰셨소!

체 선생에게 (2)

세상 사람들이 그대를
드문 천재라고도 하는가 본데
그대가 막다른 골목에서 찾아낸
'운명애'란 말
인간다운 친근감이 들기는 하나
구두 위를 긁는 듯 답답하기는
매한가지

그대보다 몇 천 년 앞서 이미
명쾌한 해답을 제시한 이 있으니
만나보셨소?

죄와 벌

까마득한 옛날
조상님들이 저지른 죄를
오늘도 책임지라는 것은
너무 심한 것 같기도 하고

또한
죄는 본래 자성이 없다는 말씀도
어렵기만 하여

거친 파도를 헤쳐 가는
고달픈 내 인생 행로이기는 하나
믿을 만한 나침반은
오로지 양심인 듯하이

참회

참회라는 말
무겁기도 하여라
천근의 무게로 가슴을 짓누르네

참회라는 말
깜깜도 하여라
칠흑의 어둠을 촛불 하나하나로
밝혀가야 하네

그러나 참회는
만능의 지우개가 아니라
흔들리지 않는 천근의
다짐돌이 되어야 하네

참회라는 말
무겁고 깜깜도 하여라

제 4부

잡화들

가족

참 이상도 하네
가죽에도 로션을 바르네
내 얼굴, 내 손에 바르던
로션을 소파에도 바르네

하긴 그렇지
소가죽이나 내 가죽이나
가죽은 가죽이지

소를 키우시던 할아버지
살처분 현장을 애써 외면하며
"가족 같지" "자식 같지" 하시며
말을 잇지 못하시던 모습

가축, 가축, 가축… 가족
승승의 천망

돌탑을 쌓듯이

어릴 적 냇가에서 돌탑을 쌓을 때
조금만 마음이 흐트러져도
금세 무너져 버리듯이
사랑도 정성을 먹고 사나보다

공원에서 사랑을 나누는 비둘기 한 쌍
수컷은 암컷에게 득의의 먹이를 먹여주고
다정스럽게 부리를 부벼대고
은근한 목소리로 사랑의 밀어를 속삭이고,
그제서야 허락되는 사랑

그래,
사랑을 살아있게 하는 것은 정성이야
돌탑을 쌓듯이

사랑의 경제학

주는 것은
눈짓 한 번인 듯한데

받을 때는
온 세상만큼이니

이 세상 어떤 이론도
설명할 수 없네

따먹지 않은 것은

등굣길 옆 과수원
은은한 향이 방울져 떨어질 듯한
농익은 수밀도

팔만 뻗으면 닿을 수 있는데
따먹지 않은 것은
양심 때문이었을까?
아니면 냉철한 이성

아니다
그것은 이기 때문이었다
처벌을 받을지 모른다는, 그래서
장래를 망칠지도 모른다는
얼음보다도 차가운 이기
몸서리 쳐지는 이기 때문이었다

시정마

오늘도 헛심만 썼다
시어를 잡으려고 해도 오리무중
제대로 손보지 않은 성근 그물 탓인가?

헛심만 쓰다가 지치고
사랑에 목말라 헐떡이는
나는 슬픈 시정마

언젠가는 사랑이 이루어지겠지

내일은 눈매고운 사람과
적요를 반찬삼아 한 끼 먹고 싶다

색안경을 낀 여자

색안경을 낀 여자들은
다 멋있어 보인다

색안경이 삐뚤어진 이목구비를
가려주는 효과라는 미학론도
그럴듯하나
커튼으로 가려진 실내에 대한
야릇한 호기심의 발로라 해도
틀리진 않을 듯

하여튼
색즉시공, 공즉시색이라 했거늘
아직도 색색거리는 이 사람
문제로고!

용기와 비겁 사이

사랑 때문에 목숨을 버리는
사람들을 볼 때마다
이성으로부터 딱지를 맞아본
기억이 별로 없는 나는
용기가 부족했던 것이 아닌가
되돌아보기도 하면서
한편으로는
이성보다도 더 예민한 생명본능이 작동되어
허약한 몸부터 부지하고 보려는데 따른
결과라고 자위하기로 하는데

아무튼
사랑이 숭고하다고는 해도
'목숨을 걸만한 것인가' 회의하는 경우가
더 많으니
나는 어쩔 수 없는 겁쟁이인가보다

샘

새싹처럼
처음은 작다
그러나 그것은
솟음이다

솟음은
시작이고 희망이다

흐르다
내와 만나고
강과 만나고
바다와 만날 수 있다면
그것은 축복이다

아니
내와 만났을 때
나는 이미 없어졌다
하나가 되었다

복원

명현 현상이라 한다
내 몸의 흠을 복원하기 전에
지금 상태를 드러내 보여준다
30년, 50년 전 결손도 다시 나타났다가
원상 복원 되는 것이다

이렇듯 자연은 성근 듯하지만
최첨단 의료기기도 따라올 수 없을 정도로
촘촘한가 보다

모자

옷이 날개라면
모자는 위엄이었다

모자의 크기와 장식으로
신분과 계급을 나타냈다

장인은 왕관을 만들고
왕관은 왕을 만들었다

과학에 힘입은 이성의 시대에
모자는 위엄의 마루에서
기능의 평지로 내려왔다

그래도 머리는
몸보다 위에 있다

연예 공화국

한류라는 말을 들을 때마다
단군 이래 이런 때가 있었던가
감격스럽기도 하고
연예인들의 기여가 대단하다고
여겨지기도 하는데
초등학교학생들의 장래희망이
압도적으로 연예인이라고 한다면
그 나라의 미래를 낙관할 수 있을까?

그저 웃고 즐기기만 하는 것이
인생이라 할 수는 없겠기에…

주홍글씨

중학교 여학생들이
립스틱을 바르고 다닌다
심지어 초등학생들도 그런단다
그런 모습을 볼 때마다
얼핏 주홍글씨가 떠오르는 것은
나만의 지나친 비약일까?
그러나 뭔가 잘못되었다는
씁쓸한 마음을 감출 길 없다
나만의 기우라면 좋겠으나
이 또한 외모지상주의가 낳은
우리의 서글픈 자화상은 아닐런지

대왕님 송구하옵니다

묘목을 심으신지 어언 570여 년
이제 세계를 덮을 만큼 큰 나무로 자란 것을
경하드리옵니다

허나, 안으로 자세히 살피 건데
허물도 없지 않으니 우선 큰 것부터
여쭙는다면
꽃이나 새, 별들을 노래해야 할 아이들 입에서
입만 열었다하면 '씨발', '좆나'라는 말이
폭포수처럼 쏟아지고 있습니다
그것도 마치 백신 없는 바이러스처럼
번지고 있습니다

제가 비록 책임 있는 사람도 아니고
그저 한 이름 없는 민초이오나
여쭙기조차 송구하옵니다

그러나 한편 생각하면 밑동 채 잘릴 뻔했던
수난도 겪었던데 비하면 이까짓 것은
아무것도 아니라 사료되기도 하오니
과히 심려치는 마시옵소서

여자의 가슴

미와 기능
2중의 잣대가 있다

미는 높이를 척도로 하고
기능은 용적과 관계한다

높을수록 추락이 위태롭고
클수록 비옥하다

동물에겐 젖만 있다면
인간은 가슴까지 있어 축복이자
재앙이다

역설

놀이를
많이 하면 할수록

삶은
줄어든다

나는 앉는다

나는 앉는다
아니
앉는 흉내만 낸다

일본의 어느 학자는
앉는 자세 그 자체가
극락이요 열반이라고 했다나

그제서 나는 가끔
앉는 흉내만 낸다
그 흉내만으로도
낙이 있으니
이 얼마나 좋은가

믿음

신앙은
논리를 초월한
맹신이 되어야 한다는데

나의 믿음은
앎을 먹고 자라는 듯하다

몰랐을 때는
믿음은 생래적인 것인가
회의하기도 하였는데
조금씩 알아갈수록 믿음도
깊어지는 듯하다

그럼에도 실천이 있어야
믿음도 믿음이 될 텐데

노년의 강

멀리 흘렀다
시원을 생각하니
엊그제 같기도 하고
까마득하기도 하다

이제 도랑의 촐랑거림도
계곡의 역류도 다 지나갔다
흐르는 듯, 머무는 듯
청탁이 한 몸으로 어둑하니 깊어져
온갖 것을 다 품었다

어느덧
바다가 멀지 않다는 것도 안다
그러나 그 바다가 바로 나인 것도
어렴풋이 알게 되었다